介護のしごとが楽しくなるこころシリーズ 1

こ

礼儀

社会人1年生として
身につけておくべき
礼儀作法の基本を
学びましょう

監修
小池妙子
弘前医療福祉大学
保健学部 教授
蜂谷英津子
HOTシステム 代表
ケアコンサルタント

日本医療企画

はじめに

現在、介護を必要とする人は増え続け、それに応じて介護職員も増えていますが、まだまだ需要を満たすまでには至っていません。また介護サービスの質の向上のため、介護職員の資質と専門性の向上が求められています。

介護職員はただ介護技術を有していればよいわけではありません。介護職員は人を相手とする職務である以上、一人の社会人としてふさわしい常識や礼儀とマナーが必要とされています。

本書は、主に若手の介護職員を対象に、人と接するにあたって不可欠な礼儀とマナーを場面別で解説しています。本書で得た知識を活かし、読者が利用者に喜ばれる介護職員になれるよう切に願っています。

目　次

第1章　基本編

第2章　介護場面でのマナー

第3章　日常生活でのマナー

第1章

基本編

まずは礼儀作法に対するマイナスイメージをなくすことから始めましょう

他者を気づかうこころ

あなたは礼儀作法と聞くとどんなイメージをもっていますか？　「難しい」「面倒くさい」そう思う人も多いのではないでしょうか。

礼儀作法とは、「相手を大切に思うこころ」を形にして現すことです。

日本人は「集団が良くなることが、その集団に属する自分に幸福をもたらす」と考えてきました。そのため、「相手にもっともこころのこもった接し方をしよう」と努め、日本独自の礼儀作法が育まれました。

行動が礼儀作法にかなえば人と良好な関係を築くことにもつながりますが、礼儀作法を知らなかったり、無視することは誤解を生じさせたりその人の良識や人となりが疑われることになり人間関係がうまくいかなくなることもあります。日本の礼儀作法の根底には「他者を気づかうこころ」があります。形だけではない相手のこころに響く礼儀作法を身につけましょう。

身につけることが大切

礼儀作法というものは一度理解して身についてしまえば意識せずに体が動くようになります。最初はぎこちないかもしれませんが場数を踏むことできちんとできるようになります。

なぜ礼儀作法が必要なのか

介護職員に礼儀作法が求められる理由。その意義を考えてみましょう

介護職員に礼儀作法が必要な理由

現在、介護職員の数は増え続けており、その必要性も日ましに高まっています。

介護は職務上感情を抑制したり、緊張する場面も多く、忍耐を求められることなどが絶対的に必要とされる仕事です。

例えば何か気に入らないことがあると、介護職員にやつあたりをする利用者がいるとします。だからといって介護職員まで利用者のそうした感情に引きずられて不機嫌になってしまってはプロとはいえません。なぜ不機嫌なのかを知ろうと努力することが第一です。

介護職員が利用者とこころを通わすために礼儀作法は必要不可欠です。介護職員はたとえ相

手がどうであれ感情を落ち着かせて、相手を不快にさせない行動をしなくてはなりません。そうすることで利用者のこころ、態度にも好影響を与え、利用者との関係改善にもつながります。

　真心がこもった正しい礼儀作法は利用者のこころにひびくものです。介護職員は礼儀作法が人間関係の潤滑油であるとこころえて行動しましょう。

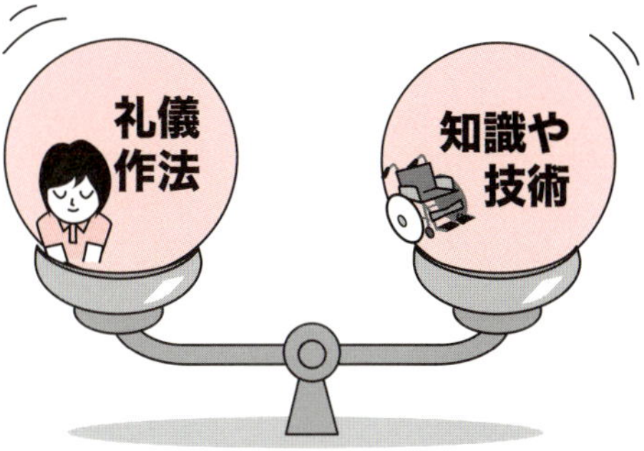

理想の介護職員像とは何かを考えてみましょう

多彩な顔をもつ仕事人

介護職員の職務は利用者の「尊厳の保持」と「自立支援を目的とした」身体介護などの介護サービスを提供することです。そこで以下の能力が必要です。

●利用者のかゆいところに手が届く存在

利用者の一番身近にいて利用者のニーズや変化をいち早く察知するのが介護職員です。

●生活支援を行う

生活支援を行うにあたって身体介護と家事援助の広範囲な能力・知識が必要となります。

●カウンセラーの要素も

介護職員は生活・身体に関わる精神的なケアも行います。利用者のなかには喪失体験や死への不安などで落ち込む人もいます。日々のふれあいのなかでそうした利用者のこころを癒やすこともします。

●利用者の言葉に耳を傾ける

介護職員は、人と関わる職務上、コミュニケーション能力も重要になります。コミュニケーションの基本は聞くことです。介護職員は、話すことよりもまず利用者の言葉を傾聴することが大切です。利用者の言葉だけでなく気持ちや思いにも耳を傾けましょう。

介護職員はさまざまな能力が求められる存在なのです。

第一は真心

しかし、どんなに能力が優れていてもそれだけでは不十分です。そこに真心が伴わなければ意味がありません。介護職員は利用者の心身の状況を共感的に理解し支援することが大切です。自身も障害をもつ小山内美智子氏の「(介護するときは)他人のからだだとは思わないということです。トイレに行くときは自分のおしりだと思って拭くこと、ご飯を食べるときは自分の口だと思うこと、髪を洗うときは自分の髪だと思って洗うこと」という言葉をこころにとめておきましょう。

強い使命感をもつ

介護は、利用者の意向を尊重しながら人生全般を支えている重要で責任の重い職務です。自分の行動が利用者の人生を左右すると考え、気持ちをひきしめて職務にあたりましょう。

自分と違っていても動じない広いこころ

介護職員の多くは利用者と年齢差がある人も多いでしょう。そのため利用者の考え、行動が理解できず、とまどうこともあります。違いを否定せず、利用者の価値観を尊重して受け入れる広いこころをもちましょう。

利用者本位で行動し、その意思を尊重するこころ

利用者のために行動しましょう。利用者を理解し、その選択や決定を尊重し、できる限りその意思に沿えるようにしましょう。

あくなき向上心

利用者によって生活、介護のニーズも違い、介護職員の対応の仕方も変わってきます。それは試行錯誤の連続です。それゆえ現状に満足せず利用者にとって最善の行動を探りましょう。

介護は他人のプライバシーに踏み込む仕事

介護とほかの仕事の大きな違いは他人のプライバシーに関わる点です

利用者にとって介護職員はあくまで他人

介護職員は利用者である他人の生活に深く入り込む仕事です。しかし利用者によっては他人である介護職員を家に上げることに抵抗のある人もいます。そうした利用者の気持ちを理解しましょう。

やたらと詮索しない

親しくなると、家族の悪口やぐちを言う利用者もいるでしょう。利用者の言う悪口に同意したり、利用者の家のことに口出ししないようにけじめをつけて行動しましょう。好奇心から家の事情を詮索するようなことは厳禁です。

ずっと誠実な対応をする

長期間関わって親しくなると利用者のさまざまな面が見えてきます。人は知りすぎることで慣れが生じてしまい敬意を払わなくなる傾向があります。利用者に対し敬意をもち続け誠実さを失わないようにしましょう。

守秘義務は当たり前

本来なら他人に見られることのない、他人に見せたくないプライベートな面をさらけださなければならない状況にあるのが介護職員を必要とする人です。職務中に見聞きしたことを安易に家族や友人に話さないようにしましょう。

利用者を理解するには

介護職員が経験していない未知の世界にある利用者を知りましょう

利用者の特性を理解することで、具体的にどのように接したらよいのかわかるようになります。利用者と良いコミュニケーションがとれると、双方に安心感や信頼感が生まれます。加齢による変化を正しく理解し、利用者のペースに合わせていくことが大切です。

目の前の利用者を理解するには

●まず相手を知ることから

利用者の服装などの外見や言動からその人のこだわり、個性が見えてくることもあります。その際、利用者に対して先入観や偏見をもたないようにしましょう。それが目の前にいる利用者の理解につながります。

●接し方にも工夫を

介助されることに不安や遠慮を抱えている利用者もいます。なにより温かいこころをもって利用者に接することが大切です。相手を思うこころは言葉や表情、口調、動作となって現れます。親しみを込めた表現や気さくな態度を好む利用者もいれば、ていねいな言葉遣い、敬意をもった話し方、礼儀正しい挨拶などを重視する利用者もいます。相手に応じた臨機応変な対応も必要です。

●傾聴する

傾聴とは相手の話したいことを受容的・共感的態度で真摯《し》に聴くことです。つまり相手の立場や考え方を尊重し、自分の価値観で評価せずにありのままを受け止めることです。利用者は疎外感を感じたり、身体、経済、社会の変化から将来への不安を感じて閉じこもりがちになる傾向があります。このような心理に利用者があるからこそ話に耳を傾けことが大切になります。傾聴は最大の介護です。

●話す

利用者は聴力が低下して言葉が聴き取りにくくなったり、早口や早い会話の展開についていけなくなったりするため、話の伝え方に工夫が必要となります。

小さい子どもに対するような言葉づかいで大声で利用者に話しかけている介護職員をよく見かけます。不快に感じる利用者も多いでしょうし、怒らせてしまうことにもなりかねません。

相手に合わせて必要なことだけを短く、わかりやすく話しましょう。特に高音は聴き取りにくくなるので、低めの声で、わかりやすい言葉を使ってゆっくり話し、周囲の騒音にも気をつけましょう。また言葉だけでなく、言葉を補う表情、身振り、姿勢、まなざしなどの非言語コミュニケーションも積極的に使うようにしましょう。

経験していないからわからない、仕方ないではすみません。日常業務を通してスキルをみがきましょう。

望ましい表情・態度や服装

介護職員にふさわしい表情、口調、態度とは何かを知っておきましょう

第一印象が決め手

まず自分自身を観察します。大きな鏡の前に立って自分を見つめてみましょう。それが普段の自分です。次に仕事のときの自分に切り替えてみましょう。目の前に利用者がいると想像してみてください。どんな介護職員になりましたか？　想像できない場合は、理想の介護職員を演じてみてください。

人は一度受けた印象は変わりにくいものです。第一印象が悪いと利用者と信頼関係を築くのに時間がかかります。利用者と信頼関係を築くことができなければスムーズな介助が困難になります。

常に柔和な態度と穏やかな表情を保つ

利用者との関わりは必ずしも短期間で良好な間柄になるとは限りません。利用者のなかには内気な人や、最初は介護職員がどんな人間かじっくり観察している場合もあるからです。しかし、どんな状況であろうとも利用者のことを受け入れる柔和な態度と穏やかな表情をもち続けましょう。それがいつしか利用者に伝わり、利用者との良好な関係が築けるでしょう。

誠実な関心をよせて注意深く見守る

利用者には介護職員に遠慮して自らのニーズをはっきり伝えられない人もいます。だからこそ利用者のわずかな表情や口調の変化や細かいしぐさも見落とさないようにしましょう。そのためには利用者に関心をよせましょう。

関心をもちつつ、見守ることでより深く利用者を知り、利用者のニーズをくみ取れるようになります。

介護職員が利用者に無関心な態度をとることは利用者のニーズに応じることができないうえに利用者のこころも傷つけることになります。

明るく朗らかでいよう

介護職員の表情、口調、態度などは良くも悪くも利用者に影響します。明るく朗らかであることは、利用者をも元気にするのです。したがってどんなときでも明るく朗らかでいることは介護職員にとって大切なことです。目の前にいる相手の表情、口調、態度は自分のこころを写し出す鏡であることを意識しましょう。

どんなときも冷静沈着に

介護職員は、突然のアクシデントにも動揺することなく、落ち着いて対処できることが必要です。利用者は体調が急変することもあれば、ほんの一瞬目を離したことで転倒するなどの事故が起こる可能性もあります。常に危機感をもって何が起きてもあわてず、落ち着いて行動できるようにしましょう。

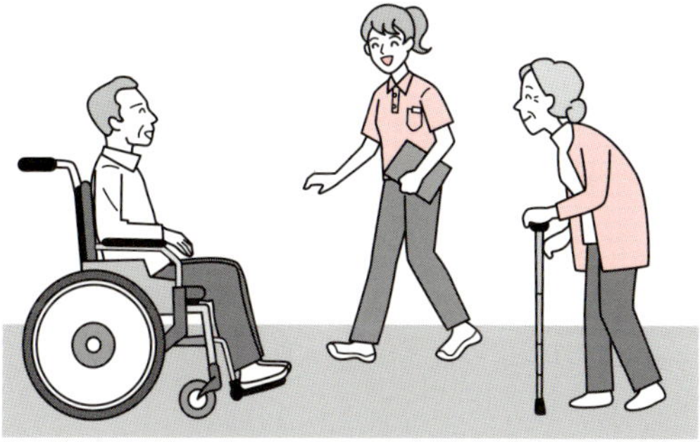

適切な服装をしましょう

流行のものや、けばけばしい派手な色合いのものは避けて、介護の仕事を行うのにふさわしい動きやすい服装を心がけましょう。特に利用者と初対面のときはよりいっそう気をつけましょう。仕事にそぐわない服装のため第一印象で利用者から全人格を否定されることもあります。そうなるといくら仕事ができても事態を挽回するのは難しくなります。また、香水やマニキュアも避けましょう。服装については事業所が規定を設けている場合もありますので、その規定に従いましょう。

身だしなみへの配慮

清潔感のある身だしなみをこころがけましょう。特に臭いは要注意です。衣服はこまめに洗たくしましょう。アクセサリーは外します。つめは短く切る、男性の場合ヒゲは小まめにそるなどの処理をしておきましょう。

第2章

介護場面での
マナー

訪問時のマナー

利用者に会う前から仕事は始まっています。気を抜かずに行動しましょう

時間厳守

利用者宅へ伺う際は、必ず訪問時間を厳守しましょう。特に初めて訪問する場合は、不測の事態に備えてあらかじめ訪問先の場所を調べておき、時間にゆとりをもって行くようにましょう。

家に入るときのマナー

●玄関の前での注意

チャイムを鳴らす前に帽子、コート、マフラー、手袋などは外ではずし身だしなみを整えましょう。またコートは表側を中にしてたたむのがマナーですが、これはコートの表側についているホコリなどを家の中に持ち込まないため

です。

チャイムをならした後、相手がすぐに出てこないこともあります。その際もチャイムを何度もならすことのないようにしましょう。相手を焦らせ思わぬケガにもつながりかねません。

雨天のときは、ぬれた傘は、水滴をよく落とした後に、開かないようベルトでまとめて、玄関のすみに倒れないよう置きましょう。

●扉の開け方、閉め方

扉は静かにゆっくりとていねいに開けましょう。また閉めるときも音をたてないようにしましょう。

●挨拶の仕方

客として訪問したのではなく、仕事で来ているので第一声は「お邪魔します」ではなく「失礼いたします」と言います。

自分の事業所名、名前をはっきりと大きな声で言いましょう。このとき明るく・笑顔で・はっきりと・こころをこめて気持ちのよい挨拶とおじぎをこころがけましょう。２回目以降の訪問でも同様です。

利用者宅に家族がいる場合、挨拶は利用者だけでなく家族全員に忘れずにしましょう。

●靴の脱ぎ方、そろえ方

靴を脱ぐときは、前を向いたまま靴を脱いで上がります。踏み石がある場合は、踏み石に乗って靴を脱ぎましょう。その後、相手におしりを向けないように斜め後ろを向いて座り、靴をそろえて反対向きにして、邪魔にならないよう玄関のすみにおきましょう。玄関にも上座と下座があり靴箱のほうが下座です。

利用者宅に入った後

●持参した荷物

持参した荷物は利用者や家族に聞いてから指定された場所に置きましょう。勝手に適当な所へ置いてはいけません。その際もきれいにまとめてちらかさないよう利用者の迷惑にならないようにしましょう。

●仕事内容を説明する

仕事を開始する際は、最初に利用者に「今日はどのようなサービスを提供するのか」をきちんと説明しましょう。そうすることで利用者に安心感を与えるとともに、「今日はこれをしてもらいたい」という要望も確認できます。

●室内での作法

利用者の部屋に入るときには、まず自分の名前を名乗った後、「入ってもよろしいでしょうか」と声をかけてから入室するようにします。大きな音をたてないよう静かに歩きましょう。

部屋の中を歩く際には、くれぐれも畳のへりや敷居は踏まないようにしましょう。敷居はその家の主の頭と同じという考え方もあります。また踏むことで家を傷める恐れもあります。

帰るときの作法

時間までに後片付けも含めて仕事を終えるようにしましょう。時間を過ぎるのは望ましくありません。仕事が終わって帰る際も「今日の仕事が済みました」と利用者や家族にきちんと報告しましょう。またやり残したことはないか、次回への要望はないかなども利用者に確認しましょう。時間だからといって利用者や家族に何も言わずに帰ってはいけません。挨拶に始まり、挨拶に終わる、これを忘れないようにしてください。

帰り支度は速やかにしましょう。その際も忘れ物がないよう点検しましょう。ゴミやちりを落としていないかなども確認しましょう。「立つ鳥あとをにごさず」です。

エプロンをとるなど私服に着替える際は、利用者から見えない場所でしましょう。靴下をかえる場合も同様です。

身体介護のマナー

利用者によってやるべきことはさまざまです。しっかり行いましょう

食事介助のマナー

できるだけ利用者本人で食事をしてもらうようにしましょう。介護職員が何でもすることは利用者の尊厳を傷つけ、利用者の自立をも妨げる結果になってしまいます。介護職員にとって利用者の食事を見守ることも重要な職務の一つなのです。

●利用者が食べやすい食器を選ぶ

利用者の状況に応じて利用者が使いやすい、食べやすい食器を使うようにしましょう。特に利用者がこぼしやすくなっている場合、ご飯だからおはしを使わなければ、などと杓子定規に考えず、フォークやスプーンなどを効果的に使用しましょう。

●食事介助の注意点

食べる順番など利用者の意向を聞きましょう。介助しやすいなどの理由で利用者の意向を無視してはいけません。

介護職員が食事を口に運ぶ場合、利用者のペースに合わせることが大事です。そのため多すぎず少なすぎない適切な一口量を口に運びましょう。このとき利用者に食べるものがわかるように、スプーンなどを見せながら口に運びましょう。

高齢になると飲み込みが悪くなり、口の中に食べ物が残りやすくなります。のど仏の動きを見て“ゴクン”と飲み込んでいること、口の中に食べ物が残っていないことを確認しながら介助するようにしましょう。

●食べ方と順番

利用者がどの順番で何を食べたいかを把握しましょう。ご飯、おかずを均等に食べていく人なのか、好物を先に集中的に食べる人なのか、嫌いな物を先に食べて、好物を最後にとっておく人なのかなどいろいろな食べ方の人がいます。利用者のくせ、パターンを把握しておきましょう。もしわからないときはそのつど、どれを食べたいかを利用者に聞きながら介助するとよいでしょう。

●食事中は楽しく

楽しく食事をすることをこころがけましょう。そのためには利用者と時々会話をしながら食事を介助するのがよいでしょう。会話をすることで食事が進み、また早食いの防止にもつながります。

●食事が済んだ後

食べ物のかすが口の中に残ってしまうことがありますので食事の後は、必要に応じて口の中をきれいにしてもらいます。衛生的なうえ、利用者も爽快感が得られます。

排せつ介助におけるマナー

●排せつ介助の留意点

排せつ介助の留意点として利用者の精神的負担をなくすことが最も重要です。

●人には見られたくない

できるだけ人の目にふれない環境で行いましょう。大きな声を出したり、準備に大きな音をたてないようにしましょう。

●安全（排せつ行為に伴う事故の防止）

排せつ時、利用者は無防備な体勢です。ベッド・トイレからの転倒・転落などによるケガに注意しましょう。利用者が焦っていることもあります。環境整備も特に留意しましょう。

●素早く無駄のない動作を心がける

排せつ介助の際は、いつでも気持ちよく対応しましょう。排せつ時は正しい姿勢をとってもらい、待たせず、手際よく介助しましょう。準備や介助に時間がかかってしまうと利用者が介護職員に気兼ねしてしまうことがあります。また素早く処理することは臭いがこもるのを防ぐことにつながります。

●観察するときの注意

健康管理のため、排せつ物や陰部・臀《でん》部・仙骨部など身体の状態も観察しますが、その際、利用者の身体をじろじろながめないように利用者の羞恥《しゅうち》心への配慮を忘れないようにしましょう。

●おむつの使用と弊害

おむつの使用は、排せつが自分でできない場合の最終手段です。介護職員にとって便利だからといって安易な使用はやめましょう。

おむつの使用は利用者によっては有益なこともありますが、多くの場合、利用者の心身の健康に多大な悪影響を及ぼします。人は排せつが自立できないと不安から社会的・心理的活動が低下し、室内に閉じこもりがちになってしまいます。さらに利用者の自尊心は傷つき、無力感で気力がなえてしまいます。

そこでできる限り利用者が自立できる部分を見出し、自立しているという意識をもてるような援助を心がけましょう。

●声かけについて

利用者は、介護職員に対しこころ苦しい、申し訳ないなどと思っています。そのため自分から排せつのことを言い出せない人もいます。入浴や食事などの前には必ず優しく、温和な表情で声をかけ、利用者に心理的な負担をかけない配慮が必要です。ですから面倒に思ったり、それを態度に出さないようにしましょう。

○声かけの良い例

「トイレは大丈夫ですか」

「トイレへいらっしゃいますか」

×声かけの悪い例

「トイレへ行ったほうがいいですよ」

「そろそろトイレへ行かなくていいんですか」

●利用者の心理を察する

利用者は自分で排せつができなくなったことに大きなショックを受け、落ち込んでいます。そうした利用者のつらい情けない気持ちを理解し言動にはくれぐれも気をつけましょう。

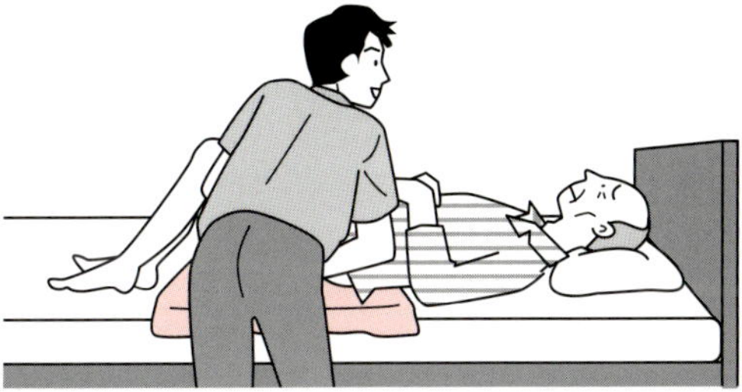

衣服の着脱の介助

利用者の服装にはそれぞれにこだわりがあります。利用者の意向を無視しないようにしましょう。また介助の際には利用者の羞恥《しゅうち》心には特に気をつけるようにしましょう。

●機能性だけを重視すればよいのではない

介護が必要な状態になったとたん、着脱のしやすさなどの機能性だけを重視した衣服になってしまいがちです。色やデザインなどは利用者の好みを尊重しましょう。

●衣服の準備

きちんとたたんでしわのない衣服を用意しましょう。場合によってはアイロンをかけましょう。しわくちゃの衣服では着心地もよくありませんし、褥瘡《じょくそう》の原因にもなります。

●その人に合ったその時節の衣服を選択

介護される人は外に出ず室内にいることが多くなります。また認知症の人は真冬に半そでを着ているなど、不つり合いな格好や健康にも害を及ぼすような服装をしていることがあります。そのため季節感を意識してもらうことも生活のメリハリをつけるという点で大切です。天候に合わせた衣服を選べるように支援しましょう。ここでもアドバイスが押しつけにならないように注意しましょう。

○言葉かけの良い例

「今日は肌寒いので少し温かめのものはいかがでしょうか」

「今日は暑くなるそうですよ。涼しそうなものにしてはいかがですか」

×言葉かけの悪い例

「今日は寒いのでこれにしましょう」

「暑いからそれは合わないように思います」

●介助するときの留意点

利用者本人で着替えてもらう場合、横からあれこれ口を出したり、せかさないようにしましょう。利用者が子ども扱いされたと感じたり、意欲の減退にもつながります。

まず室温は利用者が寒く感じないよう、夏季は25～27℃、冬季は18～23℃を保ちましょう。寒い時期は、着替える衣類と介護職員の手を温めておきましょう。プライバシー保護のため、出入り口を閉め、カーテンを閉めるのは言うまでもありません。

順番、やり方も気をつけましょう。立って行う人もいれば、座って行う人もいます。その人なりのやり方を尊重しましょう。そのためには利用者の身体状況を熟知し、まひや拘縮、痛みのある部位があれば着脱する順番を適宜変えましょう。例えば半身まひのある人なら、脱健着患（健康なほうから脱いで、患側から着る）で行いましょう。このときも利用者から目を離さないようにしましょう。最後に利用者に着心地を確認しましょう。

●おしゃれという観点も忘れずに

利用者もおしゃれがしたいと思っています。汚れが目立たない、着脱しやすいなどといって同じような服をずっと着ているのは精神的につらいことです。毎日衣服を着替えることで清潔を保ち、生活にメリハリが生まれます。

おしゃれ心をもてるような言葉かけや意識づけが、利用者の活動を活発化させます。認知症の女性にお化粧をしたところ、症状が改善された例もあります。おしゃれは、自己表現の一つとして、周囲の人との関わりや生活そのものの意欲を高める効果もあります。

○言葉かけの良い例

「とても素敵です」

「とてもお似合いです」

×言葉かけの悪い例

「少し派手すぎて合わないと思います」

清拭、洗髪、入浴介助

●共通する留意点

- 利用者の体調、気分が良いときに。
- 満腹時、空腹時は避けましょう。
- 事前に排せつは済ませておきましょう。
- 利用者の疲労や羞恥《しゅうち》心を考え手早く。

●清拭

強くこすらないようにしましょう。肌を傷つけますし、皮脂をとりすぎると乾燥などが原因でかゆみなどが起きることもあります。清拭《せいしき》する部分だけを露出して不必要な露出は避けましょう。寒さを感じますし、利用者のこころも傷つけます。ぬれたタオルで拭いた後は乾いたタオルで水分を拭きとりましょう。身体がぬれていると気化熱で体温が奪われ寒く感じます。

○言葉かけの良い例

「きれいになりましたね」

×言葉かけの悪い例

「何だかずいぶんよごれていましたね」

●洗髪

お湯の温度を確認する際、指先だと手の温度に左右されるので腕の内側で確かめましょう。

●洗うとき、流すとき

利用者に湯加減を聞き、適宜指の強さを調節しましょう。またシャンプーやリンスは意外に落ちないのでしっかりと洗い流しましょう。きちんと流さないと利用者は不快ですし、髪にもよくありません。

●乾かし方

やけどをしたり髪の毛がこげることもあるのでドライヤーの距離を気をつけましょう。またブラシや整髪剤を使い、利用者の希望に沿うように髪形も整えましょう。終わったら清潔になったことへの肯定的な声かけをしましょう。

○言葉かけの良い例

「さっぱりなさいましたか」

×言葉かけの悪い例

「○○さんは髪の毛が少ないので楽です」

●入浴

入浴は衛生面で必要ですが、利用者のからだへの負担も大きい行為です。適切に行いましょう。

●急激な温度差に気をつけましょう

入浴前後、利用者が長時間、裸でいることのないようにしましょう。特に冬場は風邪をひかないよう気をつけましょう。高齢者にとって急激な温度差はとても危険です。風呂場を前もって暖めておき室温差をなるべく少なくしておきましょう。

●風呂場は危険がいっぱい

風呂場は家の中で最も危険な場所の一つです。なかでも転倒に気をつけましょう。ぬれたり、せっけんの泡などで床がすべりやすくなるからです。介護職員は利用者が転ばないよう絶えず目を離さないようにしましょう。

●お湯の温度

熱いお湯は血圧が上昇するので、一般的にはぬるめの温度が好ましいのですが、利用者には風呂は熱い湯でないと嫌な人やぬるい湯にゆっくり、つかりたい人などお湯の温度にこだわる人もいます。前もって利用者に好みを聞き、浴槽のお湯の温度も調節しましょう。その際、利用者がのぼせないよう気をつけましょう。

なお、お湯を出す際は、介護職員が先に触って利用者がやけどしない温度か確かめてから使用してもらいましょう。

○言葉かけの良い例

「お湯かげんはいかがですか」

×言葉かけの悪い例

「からだに悪いから早く上がってください」

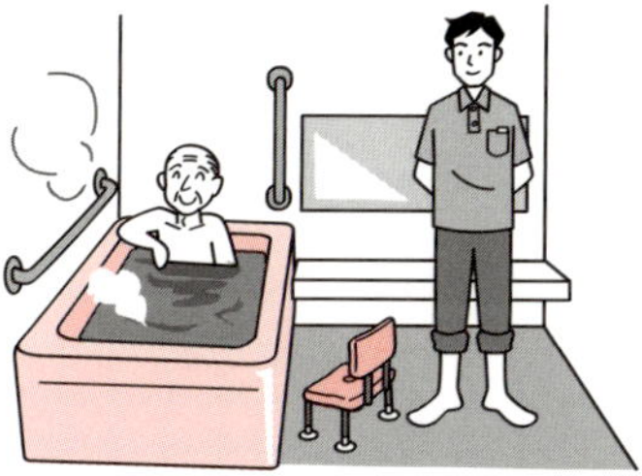

移乗・移動におけるマナー

利用者にとって移乗・移動は一苦労です。最も負担の少ない方法をとりましょう。

●移乗の留意点

利用者の全身状態や動かせる範囲など、病気や障害の部位・程度を知っておきましょう。

利用者に適した移動用具を用意し、安全性を点検しておきましょう。また衣類、履物《はきもの》を観察し、必要に応じ、アドバイスしましょう。履物は着脱しやすく、すべりにくい物にしましょう。利用者が転倒しないよう環境を整備しましょう。

●移乗のときの心配り

利用者は移乗・移動の際は、転倒するのではないかと少なからず不安に思い緊張しています。不安や緊張は体を固くし、スムーズな動きを妨げます。介護職員は利用者の緊張をやわらげるような雰囲気や態度をとるように心がけましょう。そのためには余裕のある態度や穏やかな表情で声かけするとよいでしょう。そのことで自分の緊張もほぐれます。

また最初に声かけをして二人で協力しているという意識をもってもらうことが大切です。それにより筋力を維持し利用者の自立を促すことにもなります。

○言葉かけの良い例

「車いすに乗りますから足に力を入れて助けてくださいますか」

×言葉かけの悪い例

「ほら、車いすに乗るから足に力を入れないと転びますよ」

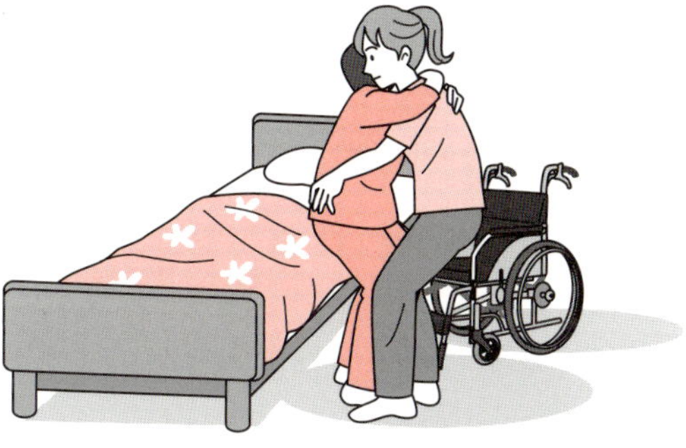

●移動について

高齢者の歩行は、歩幅が狭い、すり足になる、などから段差につまづきやすくなります。移動の際は、高齢者の特性を十分考慮しましょう。

●歩行の場合

介助者が、道路側の位置に立ちましょう。杖歩行時は杖の反対側に立ち、杖の邪魔にならないようにしましょう。また段差のあるときは声かけをし、利用者のペースに合わせた歩幅、スピードで歩くようにしましょう。

時折、利用者の体調を確認しながら休憩をとりましょう。帰宅後も体調確認して特に水分補給を忘れないようにしましょう。利用者は自覚症状が乏しいので脱水症状に気をつけましょう。

●車いすの場合

車いすの安全点検(タイヤ、ブレーキなど)をきちんと行いましょう。

車いすに乗っていて一番怖いのは、車いすから転げ落ちることです。わずかな段差に前輪がぶつかっただけで、乗っている人は振動でバランスをくずして前のめりになり、最悪の場合、車いすから落ちてしまいます。段差がある場合は、ティッピングレバーを踏み、前輪を浮かせ、段差にのせます。動かす際は、利用者に押すことを告げてから周囲に気をつけてゆっくりと押しましょう。曲がるときも同様です。急な傾斜の下り坂の場合は後ろ向きで車いすを受け止めるようにしてゆっくり進みましょう。座位バランスの様子を見つつ移動します。

押すタイプの車いすの場合、利用者は自分で制御できないことを理解しましょう。

○言葉かけの良い例

「段差がありますので気をつけてください」
「疲れていらっしゃいませんか」「少しお休みになりますか」

×言葉かけの悪い例

「段差なのでもっと足をあげてください」
「もう少しだからがんばって」

家事援助のマナー

事前の確認が重要。利用者のやり方やこだわりを尊重します

他人の台所を使う際のマナー

●使う前に利用者に許可を得る

調理器具は必ず利用者もしくはその家族にそのつど許可を得てから使用するようにしましょう。利用者との慣れや毎回使用しているからといって許可なく勝手に使ってはいけません。また使用するのは必要最低限にとどめましょう。

使用する際に特に気をつけるべき点は、衛生面です。使用後に「使用前よりもきれいになった」と利用者に言われるぐらいにきれいにするとよいでしょう。

●洗い物

食器を壊さないようにくれぐれもていねいに扱いましょう。乱暴に扱うと利用者の信頼を

失ってしまいます。食器洗浄機がある場合は、利用者の許可を得てから使用しましょう。その際、食器についた汚れをあらかじめ水で軽く洗い流した後に、食器洗浄機に入れるようにしましょう。また食器を詰め込みすぎないようにしましょう。食器が重なると十分に洗浄できないこともあります。

洗い終わった後は、清潔なふきんなどで水分をぬぐいましょう。拭いた後は食器を下向きにして乾かしておき、乾いたら元の場所にしまうようにしましょう。

普段自分の家でやっている以上にきれいにするぐらいがよいでしょう。ただし利用者の長年培ってきた習慣がありますので、あらかじめ利用者に細かく普段しているやり方を聞いておくとよいでしょう。

●後片付け

使った食器はきちんと元にあった場所（戸棚など）に元の姿で戻しましょう。もし場所を覚えていなければ利用者に確認しましょう。置き場所を変えてしまうと利用者が次に使うときに場所がわからなくなり困ってしまいます。利用者が使いやすいだろうと勝手に位置を変えないようにしましょう。もし位置を変える場合は必ず利用者に聞いて許可を得てからにしましょう。

●整理整頓について

勝手に利用者の冷蔵庫を整理してはいけません。賞味期限がきれている食べ物は要注意ですが、利用者の許可を得ずに自己判断で勝手に捨ててはいけません。利用者はまだ食べられると考えているかもしれないからです。捨てる際には、必ず利用者の許可を得てからにしましょう。

●料理をつくるときの注意点

利用者の嗜好《しこう》、体調、病状などから利用者と一緒に献立を考えていく姿勢が大切です。

介護記録や連絡ノートなどを見て、利用者の状況や好みを判断し、人それぞれに合った料理をつくりましょう。しかしただ利用者が食べたいと思う料理をつくればいいわけではありません。利用者の体調、健康にも配慮した食事を提供しましょう。特に持病には気をつけましょう。濃い味付けを好む利用者だからといって高血圧の人に塩辛い料理を提供するのは避けましょう。食事において配慮が必要な利用者の献立づくりは事業所の上司と相談して行います。

食器配置のマナー

食器の置き方にもちゃんとしたルールがあります。きちんと覚えましょう。

●料理を利用者に出すときは

配膳は利用者にわかりやすいように毎食同じように並べましょう。適当に空いているスペースに置いてはいけません。また置くときに料理名を伝えるとよいでしょう。食事の温度は温かい食べ物は温かく、冷たい食べ物は冷たくしてできるだけ料理が一番おいしくいただける状態になるようにして提供しましょう。また汁物などは利用者がやけどをしない温度で提供するようにしましょう。

●料理の置き方

●おはしの置き方

おはしはお膳やランチョンマットの端から少し内側に一文字に置きます。その際持つほうが右側、食べるほう（はし先）が左側です。なお左利きの人の場合は、置き方が逆になります。

●ご飯茶碗と汁物

日本料理は、ご飯のお茶碗は左手前、汁物のお椀は右手前に置きます。左利きの人でもこの法則は同じです。逆にすると仏様にお供えするときのやり方になりますので気をつけましょう。コップや湯のみは、右利きの人は右奥に、左利きの人は左奥に置きます。

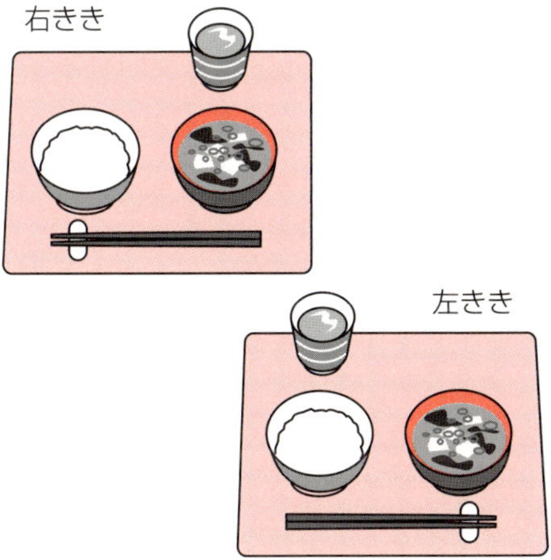

●おかず類

おかず類は、小鉢や、しょうゆの小皿など皿を持ち上げて食べるものは左奥に置きます。しょうゆ皿は刺身と少し離れた場所に置いてもかまいません。漬物は、お茶碗と汁物、主菜の間に置きます。右奥には、大きな器や、魚がのった平皿など置いたまま食べるものを置きます。

●魚ののった皿

頭のついた魚は、頭を左側にし、手前にお腹がくるのが基本になります。例外として、カレイは頭を左にして盛ると、お腹が向こう側になるので頭を右側にして盛りつけましょう。

●お菓子とお茶を出すときの配置

ティータイムやおやつなどでお茶とお菓子を出すときの場合は、お茶は右に、お菓子は左に置き、お菓子を先に出しましょう。

普段と違う配置だと食べにくく感じる利用者もいます。しっかり覚えるようにしましょう。

日本茶の入れ方

湯のみによってお茶の葉の量も違いますが、１人当たり2.5～3g程度（茶さじ１杯）です。急須に茶葉を入れ、湯のみや湯冷ましなどに入れて冷ましたお湯をゆっくり注ぎます。お湯の温度は、70～90℃です。２人以上に出すときはお茶の色が均一になるよう少し入れたら別の湯のみにいれ、何回かに分けて順番に。お茶の量は湯のみの７分目くらいまでです。

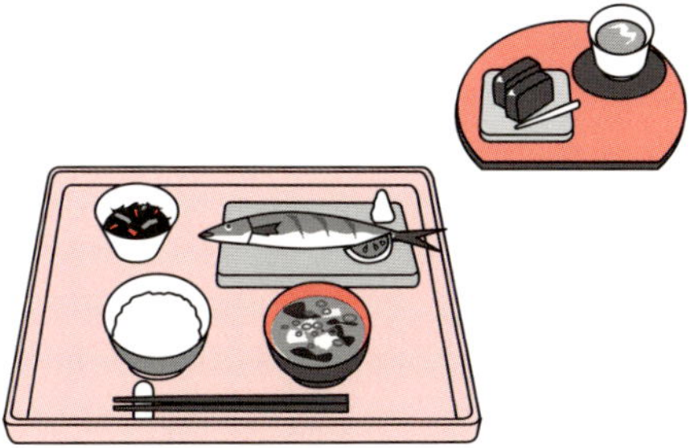

洗たくやアイロンがけ、衣服の整理

洗たくやアイロンがけ、衣服の整理などは利用者の個別性や考え方が長年の習慣として強く現れるところです。必ず利用者に確認してから行うようにしましょう。

●大原則は衣服を大切にすること

洗たくの際最も大切なことは、利用者の持ち物である衣類を大切に扱うということがあります。

そのためには、縮みや型くずれを避けるために衣類の裏についている取扱い表示を確認してその表示に従いましょう。色落ちしそうな衣類がある場合には、利用者に聞いてほかのものとは別にして洗いましょう。また、ポケットをチェックし何も入っていないことを確認しましょう。このとき、衣類のほころびなどもチェックしましょう。

アイロンがけはまず霧吹きで湿気をもたせてからかけましょう。あと布が必要な場合もあります。また素材によって適切な温度は異なります。うまく使い分けて衣服がいたまないようにかけましょう。

衣服を整理する際は、以前の場所に納めることが大原則です。利用者の許可なく変えないようにしましょう。

●認知症の利用者に注意

認知症の利用者にとっては、環境が変わることは混乱の原因になり、症状を悪化させることも考えられます。

特に注意して、物の置き場、衣類をしまう場所などを変えないように、しっかり覚えておきましょう。

●決まりは千差万別

洗たくやアイロンがけ、衣服の整理などは家庭ごとに決まりがあったり、価値観も異なったりします。多くの利用者は、自分がこれまでやってきた方法を忠実に守ってほしいと思っています。介護職員の手を借りず利用者が自分で行うときも、あれはどこに行ったなど余計なストレスを感じさせないことを心がけるのが、もう一つのマナーです。

介護職員は自分のやり方を常識とせず、まず利用者に確認し、利用者の好み、やり方を覚えましょう。それが利用者の信頼を得る一歩です。

以下に利用者に確認するべきことの例をあげます。

- 洗たく物は、すべて一緒に洗たくするか、下着など、分けて洗たくするものがあるか
- どれをネットに入れて洗たくするか
- 干し方の決まりはあるか(天日干し、陰干し)
- 使わないときのハンガー、物干し、洗たく

ばさみなどのしまい方

- 何にアイロンをかけるか
- 何をハンガーなどにかけたままにするのか、何をたたんでしまうのか
- どのようなたたみ方をするか
- どこに何をしまうか

ただきれいにすればよいわけではないということを理解しましょう。また自分のもの以上に大切に扱いましょう。

掃除（ホコリ、音に対する配慮など）

掃除も洗たくと同様、利用者ごとに自分のやり方にこだわりがあります。マナーとして、必ず利用者に詳細を確認してから始めましょう。

●きれいにするだけではない

掃除することだけに気をとられて掃除の際に発生する音やホコリ、臭いなどのことを忘れないようにしましょう。例えば利用者が眠りたいと思っているそのすぐ近くで掃除機をかけたらどうなるでしょうか。また利用者が食事しているそばで洗剤の臭いがしたら嫌な気持ちになってしまいます。くれぐれも気をつけましょう。

●掃除をする前に

掃除をする場所と順番を確かめましょう。また掃除道具の置き場所や使い方も知っておきましょう。道具の使い方を誤るときれいになりません。

●高齢者に提案するときは

もし、このようにしたほうがよいと思うことがあれば、利用者に提案してみるのもよいでしょう。そのときは、正しいことを教えるような態度を慎み、「このようにしては、いかがでしょうか？」と意向を聞きます。

答えを聞くときには、心のアンテナの感度を上げ、自分の提案に対して利用者がどう思っているのか見定めます。一応同意をしても断ると悪いからという理由だったりもします。そのような雰囲気を察知したときは、「やっぱり今までの方法がいいですね」などと言って、気持ちよく引き下がりましょう。

一つ覚えておかなくてはならないことは、利用者の特性として、新しいことは忘れやすいということです。

以下に掃除をする際に利用者へ確認するべきことの例をあげます。

- 換気をする際、どの窓、扉を開けるか
- ゴミ（台所の生ゴミなど）の処理はどうするか（ゴミの日や分別も）
- コンセントの場所
- 仏壇の掃除の仕方
- 掃除機の強さと先端部の使い分け
- ぞうきん（水拭き、乾拭き、科学ぞうきん）の使い方
- ハタキはどれにかけるか
- 便座カバーや足ふきマットの洗い方
- 浴室の掃除（水あかやカビなど）
- 台所（食器棚、冷蔵庫、シンク、ガス台など）
- 脱衣所や洗面所・洗面台の掃除
- トイレ掃除（便座と床）

　このほかにもわからないことはそのつど利用者に確認するようにしましょう。

○言葉かけの良い例

「このようにしてはいかがでしょうか」

×言葉かけの悪い例

「それは効率が悪い方法なのでこのやり方のほうがいいですよ」

薬の受け取り

介護職員は利用者に付き添い病院へ行く場合もありますが、介護職員単独で薬を受け取ることがあります。ただし利用者が慢性の病気などで受診済みで前回と病状が変わらない、訪問診療で診察を受けたなどの理由があるときに限ります。

●自分の体調を知られたくない

窓口で名乗るときは、周りの人に聞かれないよう声に気をつけましょう。誰でも自分の病状や薬について他人に知られたくないものです。

●個人情報を持ち歩いている自覚をもつ

診察券、保険証、お薬手帳の扱いに気をつけましょう。すべて利用者の個人情報が含まれています。人の目に触れないようにしましょう。

●金銭のやりとりは必ず記録に残す

薬の受け取りに必要な金銭を介護職員が預かる場合、金銭管理台帳やノートなどに書き、支払い時にレシート、領収書をもらいます。金銭を預かるときとおつりを返すときは利用者と金額を確認し、下のようなメモをわたします。

○月○日○○病院通院	
預かり金	○○○○円
○○病院	○○円
○○薬局	○○円
合計	○○円
おつり	○○円

自分がどこまでできるかを知ろう

　薬の小分けを介護職員が行うのは禁止されており、代行してできるのは薬を受け取るだけです。薬の管理や分別ができるのは、薬剤師や訪問看護師、家族だけです（医療行為と見なされるため）。一包化された（もしくはすでに仕分けされた）薬は、介護職員が服薬介助できますが、バラバラの薬はできません。本人が仕分けするのを一緒に行う（確認、声かけなど）ことは介護職員も可能です。

買い物・公共料金など各種支払い代行

お金のトラブルが一度でも起これば、利用者との信頼関係は失われます。自分で勝手に判断せず、対応に困った場合は速やかに責任者に連絡してくれぐれも慎重に対処しましょう。

●金銭を取り扱う上での注意

預金通帳や印鑑など利用者の金銭に関するものへ、うかつに近づかないようにしましょう。あらぬ誤解を招く可能性があります。

もし扱う機会が生じた場合、詳しいメモをそのつど書きましょう。もし万が一、利用者との誤解やトラブルが生じた場合の証拠となります。

利用者から借用したものは用事が済んだら必ず即座に返すことを心がけましょう。

●買い物での留意点

生活援助サービスとして介護職員が行う買い物のために金銭を預かる場合は、次の点に留意しましょう。

●大金は持たない

　第一に小額で、買い物リストに相当する金額だけを預かります。その際も必ず利用者と一緒に金額を確認してから預かりましょう。

●自分の財布とごっちゃにしない

　預かったときは、買い物支援専用の財布か袋に入れて介護職員自身の財布と一緒にしないようにしましょう。

●レシートも重要

　買い物支援後、購入したものとおつりを必ず利用者と一緒に確認してから返却しましょう。またその日のうちに領収書、レシート類は目の前で確認し精算します。なお、原則として利用者とお金の貸し借りや、買い物の代金立替などはしてはいけません。

●必要項目を記入

　介護記録か金銭管理台帳などに「預かり金額」「使用金額」「おつり」をきちんと記録して、必ず利用者から確認の捺印を得ましょう。

●公共料金などの振り込み代行

預貯金の引き出し、預け入れ、振り込みなどの代行について介護職員は基本的にこれらの代行はできません。どうしてもやむをえない場合で、利用者本人に判断能力があることが明らかな場合には、一回ごとに委任状をもって代行を行うことがあります。代行の前後には取り扱い金額を必ず利用者と一緒に確認して利用者から確認の署名・捺印を得るようにしましょう。委任状の取り扱いは各金融機関によって異なりますので、あらかじめ利用する金融機関に問い合わせておきましょう。また介護職員は通帳・印鑑などの財産、不動産などの管理を引き受けることはできません。

金額をそのつど一緒に確認するのは自分が不正していないことを示すためです。介護職員、利用者双方のためであることを理解して、必ず行うようにしましょう。

○月○日　買い物　預かり金　○○円

サンマ	1匹	○○円
ほうれん草	1束	○○円
油あげ	1枚	○○円
なす	1袋	○○円
歯磨き粉	1本	○○円
合計		○○円
おつり		○○円

印

家族・近隣などへのマナー

家族や近隣の人も利用者を支える一員です。礼儀をもって接しましょう

家族との接し方

利用者のなかには家族に対するぐちを言ってくる人もいます。たとえ介護職員が、利用者の言うことが正しいと考えたとしても、ぐちを助長させるような受け答えをしてはいけません。それは陰で悪口を言っているのと同じことと見なされます。うっかり同意したことが、家族に伝われば、トラブルにつながりかねません。

家族への報告（記録の書き方）

介護記録や連絡ノートは介護職員と利用者の家族をつなぐ貴重な手段です。家族は自分が不在にしているときにどのような介護がされているか不安に思っています。きちんと記録を残す

ことが利用者や家族に信頼され喜ばれることにつながります。

●書き方の注意

「変化なし」「いつもと同じ」などの表現は使わないようにしましょう。

誰でもわかる言葉を使って専門用語や略語を使うのは避けましょう。

具体的にわかりやすく書きましょう。あいまいな表現や回りくどい書き方は家族に正確に事実が伝わらない可能性もあります。敬語を使って礼儀正しい文章を書きましょう。

利用者を否定する表現やほかの介護職員、事業所を批判するような内容は書かないようにしましょう。信頼を失うことにつながります。

利用者の家族から信頼されることがひいては利用者のためになる介護にもつながります。家族との対応もおろそかにならないようにしましょう。

近隣への挨拶

介護保険制度が定着しつつあるとはいえ、自分の家に介護職員がくることを知られたくない人もいます。利用者の心情に配慮しましょう。

●利用者のプライバシーへの配慮

利用者が近隣の人に知られたくないからといって介護職員が近隣の人にまったく挨拶をしないというのはやはり失礼にあたります。最低限、すれちがったら挨拶はするようにしましょう。

近隣の人に利用者の個人情報について聞かれても、むやみに答えないようにしましょう。その際も「申し訳ございませんが職務の規定で、お話しいたしかねます」などやんわりとわかってもらうように答えましょう。

●自分ひいては利用者の評判を落とさない

介護職員は自分の印象が悪くなるイコール利用者にも迷惑がかかってしまうということを意識しましょう。公共のルール違反は、利用者に苦情がいくことになります。

●近隣の人に迷惑をかけない

車での送迎などの際に近隣の迷惑にならないように常識の範囲内で行動しましょう。特に違法駐車や利用者宅の前に長時間駐車することは避けましょう。

常に自分が誰かに見られていることを意識しましょう。近隣の人は自分の仕事とは関わりのない人とは考えず、マナーを守った対応をこころがけましょう。

クレームへの対応

クレームは人と関わる職務上で避けて通れない問題です。適切に対処すればかえって利用者との強い信頼関係ができることもありますが、処理を誤れば大きな禍根を残します。誠実な対応をこころがけましょう。

●電話で受けた場合

電話による説明、謝罪ですべてを解決しようとしないことが大事です。電話は相手の顔が見えない分、話がこじれやすくもあるからです。あくまで直接会って解決するようにしましょう。

●関係ないは通らない

クレームを受けた際、自分がその組織を代表しているとの意識で対応しましょう。自分は部外者、関係ないという態度だと相手の態度はますます硬化し問題はいっそう大きくなります。

●まずは傾聴。しかるのち善後策を

相手の言うことを傾聴し、事態の把握に努めましょう。相手の激しい口調に影響されこちら

も声を荒げないようにしましょう。このとき「そうですか」ではなく「そうですね」と相づちを打ちましょう。また相手の言い分をすべて聞き終わらないうちに言い訳したり、相手の間違いや勘違いを正さないようにしましょう。ますます相手を激高させることにもつながりかねません。その後、相手にどうすればよいかをきちんと聞いてそのうえで代替案、解決策を提示できるようにしましょう。解決できない問題は持ち帰り上司と相談のうえで回答します。事業所への報告も忘れずにしましょう。

●自分一人で判断しない

クレームの内容によっては現場の介護職員では解決できない問題もあります。その場合は速やかに上位の責任者に報告して判断を仰ぎましょう。また相手に対しても自分の責任、一存では即断できない旨をはっきり伝えましょう。

●下手な対処は火に油

クレームは最初の対応を誤まると必要以上の大きなクレームになったり、二次的なクレームにもつながります。できないことははっきりと「できない」と相手に伝えましょう。一刻も早く終わらせたいからと、安易にできないことに対してできるかのような返答をすると、相手に言質をとられ必ず後々まで尾を引く結果になります。

●クレームを起こさないためには

どんなに誠実に業務をこなしてもクレームは起こりますが、減らすことはできます。そのためには過去に起きたクレームから教訓を学び、組織全体で共有することが大事です。

○やるべきこと

- 相手の言い分に口を挟まず傾聴する。
- 相手の言い分にうなずくなどして共感を示す。
- できること、できないことをきちんと説明する。
- 責任者、事業所へ結果がどうであれ報告する。

×やってはいけないこと

- 相手の発言に言い訳、訂正したりする。
- 相手が怒っているのでとにかく謝る。
- 人ごとだと思って聞いてしまう。
- 怒られるのを恐れて報告しない。

送迎のマナー

マナーを守って安全な送迎をこころえましょう

送迎時のマナー

通院介助も介護職員の重要な職務の一つです。利用者にとって病院などへの移動は大変で危険なものだからです。

利用者の歩行がどの程度できるかによって変わってきますが、基本的には車での送迎となります。

●ルートを覚える

できるだけ早い、安全なルートを覚えましょう。また危険な場所、渋滞がよく起こる場所なども把握して送迎の際には避けるようにしましょう。

乗り物の席次について

車の席次は安全度が基本です。したがって最も安全な席が上席となります。タクシーなど運転手のいる車の場合、運転手の真後ろの席が最上です。次に助手席の後ろ、その次が後部席の中央です。一番下が助手席になります。したがって利用者は、運転者の後ろの席に乗ってもらいましょう。

自家用車の場合、運転者が同乗者より目上であったり、運転者自身の所有する車の場合は、助手席が上席となります。

エレベーターは操作パネルの前が下座で奥が上座となります。

新幹線は窓側が上座、通路側が下座となりますが、好みもありますので、座る前に相手の意向を確認するとよいでしょう。

●車に乗るとき

利用者が頭をぶつけないように気をつけましょう。声をかけたり、手をそえたりするとよいでしょう。利用者がきちんと座ったのを確認してから静かにドアを閉めます。くれぐれも利用者の手や服を挟まないようにしましょう。

長時間座ることも考え、きちんと座れるようにクッションなどを用意するとよいでしょう。また可能ならシートベルトを着用するようにしましょう。

●車の運転中について

なにより利用者が不安を感じることのないように安全な運転を心がけましょう。むやみにクラクションをならしたり、急ブレーキをかけたりしないようにしましょう。乱暴な運転は人格を疑われることにつながります。利用者が不安を感じるようになれば介護職員の送迎を嫌がることにもつながりかねません。

運転中は必要のない話をしないようにしま

しょう。そのほうが安全運転をしてくれているとみなされるからです。会話はなるべく慎み、利用者から話しかけられた場合にこたえる程度がよいでしょう。

●車から降りるとき

利用者が降りたのを確認してからドアを閉めましょう。閉めるときも、利用者の手や服を挟むことのないように気をつけましょう。

車の後ろにシルバーカーなど荷物を入れた場合は特に忘れ物がないよう注意しましょう。

同僚・他職種との対応でのマナー

チーム内での連携がよい介護の基本です

報告・連絡・相談でのマナー

●目的は利用者に関する情報の共有

職務上、利用者の情報共有は必要不可欠ですが一歩間違えば利用者のプライバシー侵害にもなりかねません。本当にその情報をまわりに伝える必要があるのか、その情報はどう利用者のために生かせるのかを考えましょう。

どのような目的でどのような介護サービスを行うのか、介護職員同士の間でしっかりとした共通の認識をもつことが重要になります。

●報告

利用者からのクレームなど悪い知らせは迅速に伝えましょう。失敗や事故、ヒヤリ・ハット事例は、自分一人のものではありません。今後そのようなことを起こさないための財産と考え、事実が正確に伝わるよう、注意しましょう。

口頭での報告は詳しく要点をおさえて具体的に話しましょう。書類で報告する際は、規定の書式通りに書き、その際も5W1H を忘れずに記入しましょう。

5W1HとはWho(誰が)、Where(どこで)、When(いつ)、What(何を)、Why(なぜ)、How(どのように)のことです。

もう知っているだろうと思うことでも省略してはいけません。まだ相手に伝わっていないこともあるからです。

●連絡

連絡は正確な情報の伝達と共有をはかるために不可欠です。

原則として対象者に直接連絡をとり、第三者に伝言を依頼するのは避けましょう。

連絡すべき順番を意識しましょう。連絡すべき内容にもよりますが、直属の上司を最優先します。直属の上司の上の上司に連絡をとることは緊急時であり直属の上司に連絡がとれないという場合を除き避けたほうがよいでしょう。また関係者全員に連絡しましょう。

●相談

双方に強い信頼関係がないと自分から積極的に相談できません。普段から周りの職員と信頼関係を築けるようにこころがけましょう。

自分が相談をもちかける場合、緊急の用でなければ、相手が忙しくないときをみはからってしましょう。また自分が相談を受けた場合、嫌な顔をせず助力を惜しまないようにしましょう。

●引き継ぎについて

引き継ぎにも細心の配慮をしましょう。引き継ぎがきちんとされていないと情報共有ができず利用者の不利益になったり、トラブルの元になります。引き継ぎでは主に以下の点に注意しましょう。

- 業務内容の引き継ぎ
- 人間関係の引き継ぎ

介護には再現性、継続性が大事ですが、そのためには報告、連絡、相談は欠かせません。

他職種に対するマナー

介護チームには医師、看護師、作業療法士（OT）・理学療法士（PT）・言語聴覚士（ST）など福祉・医療に関する多くの専門職種がいます。そのなかで介護職員は利用者の状況を一番身近に知ることができる立場にいます。自分が関わっている利用者が訪問看護、訪問入浴介護、訪問リハビリテーションなどどのようなサービスを利用しているかを知っておきましょう。

●まず目的の共有をはかる

介護サービスの目的が職種によってそれぞれ違えば利用者はとまどいますし、適切な介護はできません。そのため目的の共有が第一です。

●他職種は介護職員ができないことをしている

介護では介護職員が法律で行うのを禁じられたり、専門技術を要するために他職種が担っている場面があります。介護は一人ではできません。介護は多様な能力を補う作業なのです。

他職種の専門性を尊重、連携することが重要。

第3章

日常生活でのマナー

基本的な動作

介護場面でも利用できる日常生活のマナーを学びましょう

立ち姿勢

- 背筋を伸ばし、肩の力を抜き、あごを引く
- かかとを揃え、爪先を少し開く
- 手をからだのわきにおろし指先を丸める

歩き方

- 一本の線をはさむように平行に歩く
- あごを少し引き、目線はまっすぐ

物の渡し方

- 渡す物の向きは相手が正面
- 一声添えて渡す
- 両手で渡す、片手の場合は「片手で失礼いたします」を忘れずに

お辞儀

相手から視線をはずし頭を差し出して、敵意がなく敬意があることを現す動作です。

●会釈

上体を15度傾ける。人とすれ違うときや人の前を通るときなどに用いられます。

●普通礼、中礼

上体を30度傾ける。訪問や辞去、お礼や感謝を述べるときなどに用いられます。

●最敬礼

上体を45度傾ける。謝罪やこころから感謝の意を表すとき、用いられます。

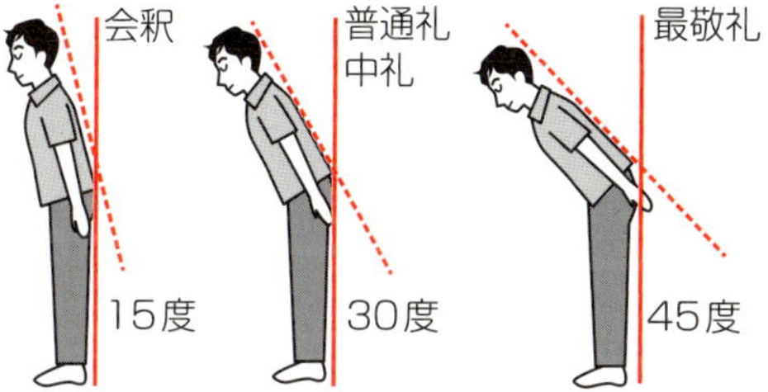

利用者の尊厳を守る言葉づかいを身につける

敬語とは

敬語は、相手に対する「敬い」や「へりくだり」の気持ちをメッセージとして伝えるものです。尊敬の気持ちが伝わることで、多くの人は満足感を抱き、気持ちよく相手を受け入れることができます。

ことわざに「親しき仲にも礼儀あり」とあります。たとえ親しい仲であっても、相手を敬う気持ちを言葉に表現することを忘れないようにすることが大切です。

敬語の種類

敬語の種類には主に以下にあげた3種類あります。

●尊敬語

目上の人の動作や状態、持ち物などを直接敬い、尊敬の意を表します。

例）おっしゃる、いらっしゃる

●謙譲語

自分の動作や状況をへりくだって表現し、間接的に相手を高めるものです。

例）拝見する、いただく

●丁寧語

言葉を整えて失礼のないよう敬う気持ちを込めて使います。

例）います、します

間違えやすい言い回し

●二重敬語

１つの言葉に２つ以上の敬語をつけてしまう間違いです。

例）所長がお帰りになら**れる**

計画書をご覧になら**れる**

「お帰りになる」「ご覧になる」は尊敬語なので「〜れる（られる）」はつかない。

●ら抜き言葉

必要な箇所に「ら」がない言葉です。

例）賞味期限が切れても食べ**ら**れる

　　このテレビはBSも見**ら**れる

●さ入れ言葉

必要ない箇所に「さ」が入っている言葉です。

例）有給を「取ら（さ）せていただきます」

　　「行か（さ）せていただきます」

こんな言い方はNG

×おつりは400円**になります**

○おつりは400円でございます

×お買い物は以上で**よろしかったでしょうか**

○お買い物は以上でよろしいでしょうか

×おつゆ**のほう**熱くなっております

○おつゆが熱くなっております

×少々お待ちいただく**形**になります

○少々お待ちください
×僕的（私的）には○○と思います
○私は○○と思います
×これとかどうですか
○こちらはいかがですか
×超おいしい
○大変おいしい
×一応掃除は済みました
○ひととおり掃除を済ませました
×印は誤りです。気をつけましょう。

目上の人に使ってはいけない言葉

●ご苦労様でした

「ご苦労様でした」は部下など目下の人に対してねぎらいの意味を込めて使う言葉です。

●お世話様です

「お世話様です」も同じく目下の人に使います。目上の人や外部の人間には使ってはいけません。

好ましい言葉遣い

●命令口調でなくお願い口調を使う

×口をすすいでください

○口をすすいでいただけますか

×この用紙に記入をお願いします

○この用紙に記入をお願いできますか

○印のような言葉を使うことで相手に受け入れられやすくなります。

●クッション言葉

相手にストレートに言いにくいときに使います。特に否定的な言葉の前につけることによって相手に対してあたえる攻撃性をやわらげることができます。

恐れ入りますがやめていただけますか

大変申し訳ありませんがそれはできかねます

●断る時の定型句

お気持ちはわかりますがいたしかねます

今回は遠慮させていただきます

検討させていただきます

ただし使いすぎると慇懃《いんぎん》無礼になることもありますので気をつけましょう。

「お」と「ご」の使い分け

訓読みの語句の場合は「お」がつき、音読みの語句の場合は「ご」がつくのが一般的です。また「お」で始まる言葉やカタカナ語などにはつきません。

例）お友達　ご友人

敬語の主な言い換え

以下は主な敬語の言い換えです。

普通の言い方	尊敬語	謙譲語	丁寧語
する	なさる	いたす	します
いる	いらっしゃる おいでになる	おる	います
行く	行かれる いらっしゃる	参る	行きます
来る	お越しになる いらっしゃる	参る 伺う	来ます
食べる	あがる 召し上がる	いただく	食べます
言う	おっしゃる	申し上げる	言います
見る	ご覧になる	拝見する	見ます
聞く	お聞きする	拝聴する	聞きます
与える	くださる たまわる	差し上げる 進呈する	あげます
もらう 受ける	お受けになる	いただく たまわる	受けます
会う	お会いになる 会われる	お目にかかる お会いする	会います

普通の言い方	尊敬語	謙譲語	丁寧語
送る	お送りになる	ご送付する お送りする	送ります
着る	お召しになる 召される	着させていただく	着ます
待つ	お待ちになる	お待ちする	待ちます
帰る	帰られる お帰りになる	おいとまする	帰ります

普通の言い方	望ましい言い方
わたし、僕	わたくし
わたしたち	わたくしども
相手の会社	御社
自分の会社	弊社
すごく	非常に
とても	大変
あとで	後ほど

敬語も多種多様で一朝一夕に身につくものではありません。普段から気をつけましょう。

電話のかけ方

電話は相手の表情が見えない分、特に言葉遣いが重要です

電話応対の基本と注意点

ベルがなったらできるだけ早く受話器を取ること。ベルが3回以上なってから取ったときには「お待たせしました」のひと言をそえます。

明るい声で話しましょう。

メモとペンは必ず手元に用意しておきます。

事業所にかける場合、始業後、昼食後、終業前の1時間は電話がこむのでなるべく避けましょう。利用者宅に電話をかける場合は、緊急時以外は早朝、食事時、深夜は避けましょう。また電話をかける前に用件をまとめておきます。

電話をとったときは、第一声は「はい」と答えてから、事業所名と自分の名前を名乗ります。

受話器を置くときは相手より先に切らずに相手が電話を切ったことを確認してから静かに置きましょう。

また、最後に「○○（自分の名前）が承りました」と自分の名前を、もう一度伝えましょう。

メモを取る時の注意点

相手の所属先、名前、日時を正確にメモし、用件は復唱して確認、特に数字は間違えないようにします。不明瞭な点や聞き取りにくい場合には、「失礼ですが」と聞きかえして、確実に用件を把握しましょう。

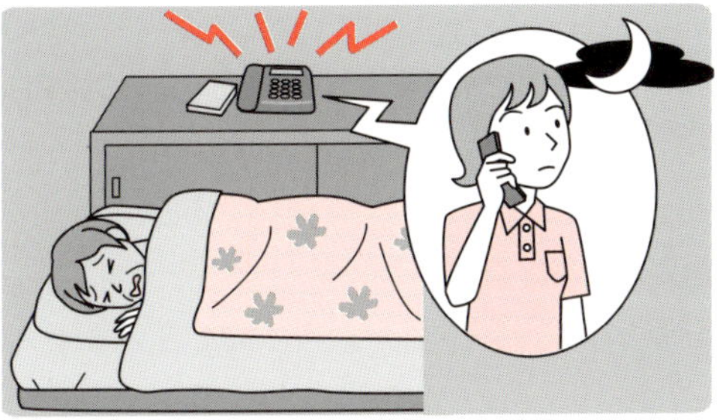

電話でよく使う言い回し

「いつも大変お世話になっております」
「恐れ入りますが、どのようなご用件でしょうか」
「お時間を頂戴してもよろしいでしょうか」
「お時間を頂戴して申し訳ありませんでした」
などがあります。

こんなときはどう言う

●同じ部署に同姓がいる

「○○は2名おりますが、男性、女性どちらでしょうか」
「○○は2名おりますが、下の名前を伺えますか」
「失礼ですがご用件を伺えますか」

●保留のまま長く待たせてしまいそうな場合

「大変お待たせして申し訳ございません。もうしばらくかかりますが、いかがいたしましょうか。こちらから改めてご連絡させていただけないでしょうか」

●相手の声が小さくて聞き取りにくいとき

「恐れ入ります。お電話が少し遠いようでございます。もう一度お願いできますでしょうか」

直接的な表現は相手へ悪い印象を与え、失礼にもなるので柔らかい言い回しにかえます。多くは定型句なのでしっかり身につけましょう。

文書の書き方

利用者の状態を適切に伝え、仕事内容を記録します

文書を書く際の基本原則

- 「結論優先」が原則、結論を先に書いた後、その理由を説明する
- 業界内の略語、専門用語、難しい言いまわしなどは使わない
- 5W1H（When, Where, Who, What, Why, How）を忘れないように
- 一つの文書に一つの用件だけを書き、複数の用件を書かない
- 誤字、脱字がないよう気をつける。特に数字は要注意
- きちんと楷書でわかりやすくきれいな文字で書く。ほかの人が読めないような汚い文字で書かないように

報告書について（詳細は2章を参照）

おそらく介護職員が一番書く機会が多いのが介護報告です。その注意点として以下のことがあげられます。

- 他人の目に入ることを意識して書く
- 丁寧語を使う
- 簡潔にわかりやすく書く
- あいまいな表現は使わない

くれぐれも気をつけましょう。

メールについて

最近は文書ではなく、メールで事を済ます場合も多くなっています。上手に活用しましょう。

- 必ず件名を入れる。件名は本文内容がわかるものがよいでしょう
- 宛名は冒頭に書きます。名前だけでなく所属も忘れずに書きましょう
- 1行の文字数は、最大35文字程度までにして適宜改行します。行数が長くなる場合

は、見やすいよう段落ごとに空行を入れましょう

- 誰が出したメールかわかるように、メールの文面の最後には所属・名前・電話番号などの入った署名(シグネチャー)を必ず入れましょう
- 「いつも大変お世話になっております」など簡単な挨拶を入れます。頭語、時候の挨拶、結語は必要ありません

文書、メールの決まりを守って正しく書くようにしましょう

◆参考文献

- 『介護職員初任者研修課程テキスト1　介護・福祉サービスの理解』日本医療企画、2012年
- 『介護職員初任者研修課程テキスト2　コミュニケーション技術と老化・認知症・障害の理解』日本医療企画、2012年
- 『介護職員初任者研修課程テキスト3　こころとからだのしくみと生活支援技術』日本医療企画、2012年

【監修者略歴】

小池　妙子（こいけ　たえこ）

東京都立豊島高等看護学院、日本大学法学部卒業。臨床看護師として従事したのち、東京都立看護専門学校校長、大妻女子大学教授を経て、現在、弘前医療福祉大学保健学部学部長・教授。介護福祉士国家試験委員副委員長、保健婦助産婦看護婦国家試験委員長、社会福祉士国家試験委員を歴任。介護支援専門員。カウンセラー中級（日本カウンセラー協会）。

蜂谷　英津子（はちや　えつこ）

西武ピサやヒルトンホテルのＶＩＰゲストの接客やコンサルティングを経て、介護事業所を全国に運営する企業に入社。介護職員の接遇マナーやコミュニケーション研修に従事。2010年、ＨＯＴシステムを設立。華道家元池坊脇教授。

●編集協力／有限会社エイド出版
●表紙デザイン／能登谷　勇
●表紙イラスト／どい　まき
●本文イラスト／佐藤加奈子

介護のしごとが楽しくなるこころシリーズ 1
こころをつかむ　礼儀とマナー

2013 年 10 月 15 日　初版第 1 刷発行

監　修　者　小池妙子・蜂谷英津子
企画・制作　株式会社ヘルスケア総合政策研究所 ©
発　行　者　林　　諄
発　行　所　株式会社日本医療企画
〒101-0033
東京都千代田区神田岩本町 4-14 神田平成ビル
TEL.03-3256-2861（代）
http://www.jmp.co.jp/
印　刷　所　大日本印刷株式会社

ISBN978-4-86439-198-6 C3036　Printed in Japan, 2013
（定価は表紙に表示してあります）